MATA LA PIÑATA

Written by
Kristy Placido

Cover and Chapter Art by
Zoe Zaviski

Edited by
Carol Gaab

ISBN: 978-1-945956-72-0

Fluency Matters, P.O. Box 11624, Chandler, AZ 85248

info@FluencyMatters.com • FluencyMatters.com

A Note to the Reader

This fictitious Comprehension-based™ reader is based on 100 high-frequency words in Spanish. It contains a *manageable* amount of vocabulary and numerous cognates (words that are similar in two languages), making it an ideal first read for beginning language students.

There are two versions of this book under one cover. The past tense version is narrated completely in the past, with dialogue in the appropriate tense. The present tense version is narrated in present tense with dialogue in the appropriate tense.

All vocabulary is listed in the glossary. Keep in mind that many verbs are listed in the glossary more than once, as most appear throughout the book in various forms and tenses. (Ex.: I go, he goes, let's go, etc.) Language that would be considered beyond a 'novice-low' level is footnoted within the text, and the meaning given at the bottom of the page where the expression first occurs.

The opinions and events in this story do not reflect or represent the opinions or beliefs of Fluency Matters. This novel is intended for educational entertainment only. We hope you enjoy reading it!

Índice

THIS IS THE
PAST TENSE VERSION OF
MATA LA PIÑATA.

TO READ THIS BOOK IN THE
PRESENT TENSE,
TURN BOOK OVER AND READ
FROM BACK COVER.

Capítulo 1
La fiesta de Diego

El cumpleaños de mi amigo Diego es en julio, el día 13. Diego y yo teníamos un gran plan para celebrar su cumpleaños número 13. Íbamos a invitar a todo el grupo de amigos a pasar la noche en casa de Diego. Íbamos a tener

una fiesta con muchos Churrumais y mucha Coca-Cola. No íbamos a dormir en toda la noche. ¡Íbamos a pasar toda la noche con los videojuegos, los Churrumais y las Coca-Colas! Iba a ser[1] una fiesta increíble.

[1] *iba a ser - it was going to be*

Los papás de Diego le dijeron que el plan era aceptable. ¡Perfecto!

El día de su cumpleaños llegó. Yo fui a la casa de Diego en la mañana. Fuimos al supermercado

Bodega Aurrerá por los Churrumais y las Coca-Colas. ¿Son suficientes 10 botellas de Coca-Cola? Sí, sí son suficientes. Volvimos a la casa con los Churrumais y las Coca-Colas. Cuando llegamos a la casa vimos que la mamá de Diego decoraba el patio de la casa. Decoraba el patio con muchos colores. En nuestra opinión, era horrible.

Diego le dijo a su mamá:

— ¡Mamá! ¡Esta es una fiesta para bebés! Tengo 13 años. No quiero una fiesta para bebés. ¡No quiero decoraciones de muchos colores!

La mamá de Diego replicó:

— Diego, ¿quieres una fiesta? Vas a tener una fiesta de colores. ¡Y con música! ¡Te tengo planeada una sorpresa! Los invitados van a llegar en unos minutos.

— ¿INVITADOS? Te refieres a mis amigos, ¿correcto?

Su mamá miró a Diego y le dijo:

– Yo invité a nuestros amigos y familiares.
Tu cumpleaños es muy importante.
¡Quiero que tengas una fiesta increíble,
Diego!

Capítulo 2
Una fiesta con piñata

Diego me miró con frustración. No estaba contento. No estaba contento con la fiesta que su mamá planeó. Era una fiesta para bebés. No quería decoraciones, invitados ni música. Diego y yo entramos a la casa. Diego me dijo sarcásticamente:

— Mi mamá probablemente también tiene planeado un mariachi. ¡JA, JA, JA! Vamos a mi dormitorio. ¡Vamos a organizar todo para la fiesta!

Fuimos con las Coca-Colas y los Churrumais al dormitorio de Diego. Estábamos en el dormitorio de Diego, organizando todos los videojuegos. Planeábamos una fiesta increíble para no dormir en toda la noche cuando, de repente[1], oímos música. Su mamá tenía la música a todo volumen en el patio. ¿Qué pasaba?

[1] de repente - suddenly

Diego me miró y me dijo:

– Ay, ¡mi mamá! ¿Música de mariachi? ¡Tiene la radio a todo volumen! Esa música es horrible. Vamos al patio.

Fuimos al patio para informarle a la mamá de Diego que no queríamos la música a todo volumen. Fuimos al patio y, de repente, oímos: «¡FELIZ CUMPLEAÑOS DIEGO!». Entonces oímos: *«Estas son las mañanitas, que cantaba el*

rey David...» ¡Había un mariachi en el patio! Yo miré a Diego. Estaba en estado de shock. Había muchas personas en el patio. Muchos familiares y amigos de la escuela estaban en el patio. Al final de «Las mañanitas», la mamá de Diego le dijo:

　　　– Diego, ¡feliz cumpleaños!

El papá de Diego le dijo:

　　　– Diego, ¡sorpresa! Tenemos una piñata
　　　　para la fiesta.

Diego me miró con ojos grandes. ¿Una piñata? Las piñatas son para los bebés. Yo le dije:

　　　– Increíble, amigo. ¡JA, JA, JA! ¡Vamos a
　　　　atacar esa piñata!

Fuimos a donde el papá de Diego tenía la piñata. Era una piñata horrible. ¿Los papás de Diego pensaban que teníamos 8 años? El papá de Diego tenía un palo[2]. Era obvio que el papá de Diego pensaba que la piñata era increíble. Le dijo:

---

[2]*palo - stick*

– ¡Vamos Diego!

Oímos: «¡Dale, dale, dale!».

La piñata tenía la forma de una llama... ¡de color violeta! Tenía ojos enormes y dientes ridículos. Diego miró la piñata con odio. ¡Qué vergüenza[3]! Nuestros amigos miraban a Diego y cantaban[4]: «¡Dale, dale, dale!». Cantaban sar-

[3]*¡Qué vergüenza! - How embarrassing!*
[4]*cantaban - they were singing*

cásticamente y se reían. Era obvio que nuestros amigos pensaban que la piñata era muy cómica.

Diego tenía vergüenza. No quería la piñata. Odiaba la piñata. Sus amigos se reían y cantaban. El papá de Diego le ofreció el palo. Diego miró la piñata y le dijo:

– ¡Te odio, piñata! ¡Te odio, llama estúpida! ¡Te mato[5] con este palo!

Diego empezó a atacar furiosamente la piñata con el palo. Atacó la piñata con mucha
furia. ¡Quería caramelos para sus amigos! Mis
amigos y yo nos reímos y demandamos:

– ¡Mátala, mátala!

De repente la piñata se abrió y vimos las
cosas que estaban en la piñata. ¿Dónde estaban
los caramelos? ¡Diego vio que había fruta y pasta
de dientes en el patio! ¿Una piñata con pasta de
dientes y fruta? Diego miró a su papá. Su papá
estaba muy contento y dijo:

– Mira, Diego, ¡hay fruta y pasta de dientes para tus amigos! Es perfecto, ¿no?
Los caramelos son terribles para los
dientes. ¡Y la fruta tiene muchos beneficios para el cerebro[6]!

[5]*te mato - I'll kill you*
[6]*cerebro - brain*

Capítulo 3
Una noche sin dormir

La fiesta fue intolerable, y Diego y yo estuvimos[1] muy contentos cuando todas las personas se fueron. Otros dos amigos, Álvaro y Juan Luis también iban a pasar la noche en la casa de Diego. Nos miramos porque todos queríamos jugar videojuegos. Fuimos al dormitorio de Diego. Diego imitó a su papá sarcásticamente: «¡La fruta tiene muchos beneficios para el cerebro!». Todos nos reímos a carcajadas[2].

Estábamos contentos con las cosas del supermercado. No queríamos la fruta de la piñata. Todos queríamos dos botellas de Coca-Cola porque no planeábamos dormir en toda la noche. Queríamos la cafeína para tener mucha energía. A las tres de la mañana, yo fui al baño (¡Era el resultado de las dos botellas de Coca-Cola!). En

[1]estuvimos - we were
[2]nos reímos a carcajadas - we laughed our heads off

el baño, yo miré por la ventana. Vi la piñata en
el patio. También vi la fruta y la pasta de dientes.
Me reí. Era muy cómico que los papás tuvieran

una piñata para la fiesta de cumpleaños de Diego. ¡Qué vergüenza! ¡Y la fruta y las pastas de dientes! ¡JA, JA, JA! ¡Qué crueles! De repente, tuve una sensación muy rara. Tuve la sensación de que una persona me observaba. Yo volví a la ventana. De repente, ¡la piñata apareció en la ventana! Me sorprendí y volví rápidamente al dormitorio de Diego. Pensé que era una broma[3] de mis amigos.

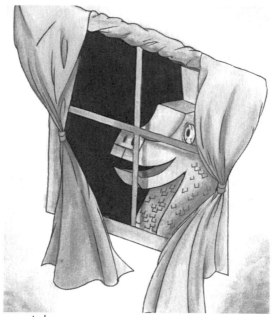

[3]broma - joke

Mis amigos jugaban videojuegos cuando entré y les dije:

— ¡JA, JA, JA!, chicos. ¡Muy cómicos! Qué broma. Vi la piñata en la ventana.

Mis amigos me miraron con confusión.

– ¿Qué? ¿Qué es muy cómico?

– La llama. La piñata ridícula. La vi en la ventana.

– ¿Qué? –mis amigos estaban muy confundidos.

– ¿No era una broma? La piñata apareció en la ventana de repente. Tuve miedo[4] –yo también estaba confundido.

Yo insistí en que mis amigos me acompañaran al baño.

– Miren por la ventana –les dije.

[4]tuve miedo - I was afraid (I had fear)

Mis amigos fueron a la ventana. Diego volvió a mirarme y me dijo:

— La piñata no está en la ventana.

Yo fui a la ventana y miré hacia el patio. La piñata estaba en el patio. No estaba en la ventana.

— Chicos, vamos al patio. Yo quiero investigar la piñata. ¡La piñata se movió! ¡La piñata tiene vida[5]!

Mis amigos me acompañaron al patio. Se reían mucho. Probablemente se reían porque eran las tres de la mañana... y no habíamos dormido... y teníamos mucha energía por la cafeína. Fuimos hacia la piñata. Decidimos matar la piñata.

---

[5]*tiene vida - it is alive (it has life)*

Capítulo 4
La imaginación

Los papás de Diego dormían. Diego dijo:

– ¡SHHHHHH! No quiero que mis papás nos oigan.

La piñata estaba en el patio. El palo también estaba en el patio. Empezamos a atacar la piñata con el palo. También la atacamos con la fruta. Y

la atacamos con la pasta de dientes. Diego atacó la piñata con toda la frustración de un adolescente que había celebrado su cumpleaños con una piñata. Yo dije con mucho entusiasmo:

– ¡Mata la piñata, Diego! ¡JA, JA, JA!

De repente, oímos al papá de Diego. Estaba en la ventana del baño.

– ¡Chicos! ¿Por qué están en el patio? ¿Por qué están atacando la piñata? ¡A dormir!

Fuimos al dormitorio. Y, finalmente, nos dormimos.

❊❊❊

En la mañana, todos fuimos al patio. La piñata estaba en el patio. Estaba totalmente destruida, con excepción de la cabeza. Tenía dos ojos y esos ridículos dientes intactos. Había papelitos violetas y fragmentos de piñata por todo el patio. ¡Qué desastre!

La mamá de Diego fue al patio. Observó la destrucción y nos dijo:

– Chicos, quiero que limpien[1] el patio.

Esta piñata es un desastre.

Diego nos dijo:

[1]*quiero que limpien - I want you to clean*

– Odio esa estúpida piñata.

Álvaro y Juan Luis no querían limpiar.

– Ahhhhh... perdón pero nosotros no vamos a limpiar nada. Tenemos que volver a nuestras casas –nos dijeron e inmediatamente se fueron a sus casas.

Yo decidí limpiar el patio con Diego. Yo empecé a limpiar y a organizar el patio. Estaba limpiando la fruta, las pastas de dientes y los fragmentos de la piñata. De repente, oí que la piñata se rio: «¡JA, JA, JA!». Pensé: *«¿La piñata se rio? Estoy imaginando cosas. Tengo alucinaciones. Pienso que tengo que dormir».*

Diego y yo limpiamos todo el patio, y fui al dormitorio de Diego por mis cosas. Necesitaba volver a mi casa. Estaba exhausto y quería dormir. Yo me fui de la casa de Diego.

Pasé el supermercado, pasé la casa de Juan Luis y pasé el Parque Rubí. De repente, en el parque, vi una cosa muy rara. Vi un papel de color violeta. Me atraía. Fui a investigar el papel y, en ese momento, vi muchos papeles de color violeta. Formaban una línea. Decidí investigar la línea de papeles. Los papeles empezaron a moverse. Se movían como si fueran un pequeño tornado. Yo investigaba los papeles cuando vi una

cosa de color violeta. Vi una figura de color violeta que se movía por el parque. *¿Era la piñata?* No era posible. Tuve miedo.

Pensé: *«¡Estoy imaginando cosas! ¡Tengo que dormir!»*.

Capítulo 5
Una piñata zombi

Al otro día, yo jugaba videojuegos en mi dormitorio. No había luz, con excepción de la luz de la computadora. Yo vi que era la 1:00 a.m. Yo oí un sonido. Oí un sonido por la puerta[1] de mi dormitorio. ¿Era mi mamá? ¡Ay, ay, ay! Yo no quería problemas con mi mamá. Yo fui hacia la puerta. No vi nada. Fui al baño. No vi nada en el baño. No oí nada en el baño. Volví a mi dormitorio.

Yo no dormía. Pensaba en los eventos de la fiesta de Diego, en el tornado pequeño de papeles en el parque, en la figura violeta que vi y en los sonidos que oí. De repente, vi una luz. No, corrección, vi DOS luces en mi ventana. ¿Eran ojos? ¡Uf! Yo quería dormir. Tenía miedo. Pensé: *«¿Es mi imaginación o es real?»*. Tuve mucho miedo.

Decidí que era mi imaginación. Decidí dormirme. De repente, empecé a oír sonidos. Oí sonidos en el patio. Fui al patio para investigar.

En el patio, vi una cosa extremadamente rara. El patio estaba completamente preparado para una fiesta. Pero… mi cumpleaños era en 15 días.

[1]*puerta - door*

¿Por qué había decoraciones de cumpleaños en mi patio? Había decoraciones de muchos colores. De repente, oí música de mariachi. Oí «Las mañanitas». Pero la música no era música para celebrar. Era una música rara como la de una película[2] de horror.

Entonces, aparecieron dos luces en el patio. Cerré[3] los ojos. Abrí los ojos. Vi una figura. Era una piñata con forma de llama. La piñata no era normal. Era rara. Era como un zombi. No estaba intacta. Estaba en fragmentos. No tenía ojos normales. Tenía ojos crueles. Oí: «¡JA, JA, JA!». *¿La*

[3]*cerré - I closed*
[2]*película - movie*

piñata se reía? Sí. Se reía cruelmente. Tuve mucho miedo. Cerré los ojos. Me dije: *«Es mi imaginación. Es mi imaginación. No es real. Necesito dormir. No es real»*.

Cuando volví a abrir[4] los ojos, no vi nada en el patio. No oí música. No vi la luz, ni la piñata. El patio había vuelto[5] a la normalidad. Era mi imaginación. No había una piñata zombi en el patio.

Me fui a dormir.

[4]*volví a abrir - I re-opened*
[5]*había vuelto - had returned*

Capítulo 6
Dos ojos

En 13 días iba a ser mi cumpleaños. Yo quería planear mi fiesta. No quería una fiesta para bebés como la de Diego. No quería una piñata (especialmente una piñata rara con forma de llama de color violeta que me torturaba la imaginación). No quería un mariachi ni decoraciones de muchos colores. Diego llegó a mi casa. Íbamos a jugar videojuegos y a planear mi fiesta.

Decidí informarle a Diego de mis experiencias raras con la piñata. Le dije:

> – Diego, pienso que la piñata de tu fiesta quiere atacarme. Pienso que tu piñata volvió y que es un zombi.

Diego me vio con ojos enormes. Respondió:

> – Joel, tú tienes problemas. ¿Tú piensas que hay una piñata zombi en tu patio y que quiere atacarte? Eso no es posible.

Le dije:

> – ¡JA, JA, JA! No, no es posible. Es una broma. Vamos a jugar.

Entonces empezamos a jugar videojuegos. Jugamos durante una hora. Mi mamá entró a mi dormitorio y dijo:

> – Joel, ¿quieres salpicón[1]? Diego, ¿quieres salpicón?

Diego dijo que sí. Devoramos el salpicón rá-

[1]salpicón - *Mexican shredded beef salad*

pidamente y entonces volvimos a mi dormitorio para jugar más.

Entramos a mi dormitorio y vimos que no había luz. ¡Qué raro! No habíamos apagado[2] la computadora ni las luces. Yo iba a prender[3] la luz cuando, de repente, vimos dos luces pequeñas. Quería prender la luz pero la luz no funcionaba. Yo vi que los ojos de Diego estaban enormes.

– ¿Son ojos? ¡Yo vi dos ojos! –dijo Diego con mucho miedo.

Entonces, vimos una figura con la forma de

[2]no habíamos apagado - we hadn't turned off
[3]iba a prender - I was going to turn on

un animal. La figura pasó por el dormitorio rápidamente y, de repente, desapareció por la ventana. Entonces, la computadora y las luces de mi dormitorio se prendieron. Yo tuve mucho miedo. Diego también tuvo miedo.

Nos miramos con ojos enormes. ¡Qué miedo! Observamos el dormitorio en silencio. Entonces vimos un papelito. Se movía con la brisa de la ventana. Nerviosos, fuimos a investigar. Era un papel… ¡de color violeta! Entonces, vimos varios papeles. Todos se movían con la brisa. Los papelitos se movían hacia la ventana, formaron un

pequeño tornado y, de repente, desaparecieron
por la ventana.

Tenía miedo, pero también estaba contento.
Yo no estaba imaginando esos eventos raros. Mi
amigo también los observó. No imaginábamos
nada. Los eventos eran reales.

Capítulo 7
El parque

Diego y yo decidimos que era importante investigar la situación con la piñata. Fuimos en bicicleta a las casas de Álvaro y de Juan Luis. Les describimos los eventos que habían ocurrido. Decidimos investigar todos los sitios donde habían ocurrido esos raros eventos. Fuimos a la casa de Diego. Investigamos en el patio y en el dormitorio de Diego. No vimos nada raro.

Álvaro nos dijo:

> – Había una línea de papeles de color violeta en el parque, ¿no?
>
> – Sí, en el Parque Rubí.
>
> – Entonces, ¿los papeles de color violeta se transformaron en un pequeño tornado?
>
> – Sí.
>
> – Vamos al Parque Rubí.

Fuimos rápidamente en las bicis hacia el Parque Rubí.

En el parque, fuimos a donde yo había visto[1] los papeles de color violeta y el pequeño tornado. Todos investigamos el área. De repente, Juan Luis dijo:

[1]había visto - I had seen

– Chicos, ¡hay papeles de color violeta!

Fuimos a donde Juan Luis miraba los papeles. Vimos que los papeles formaban una línea. Pero, no era una línea pequeña de papeles. Había MUCHOS papeles que formaban una línea que

pasaba por todo el parque.

Álvaro se rio: «¡JA, JA, JA, JA, JA!» Miré a Álvaro y le dije:

> – ¿Por qué te ríes? No es una broma. No es cómico. Tengo miedo.

Álvaro me respondió:

> – Yo no me reí.

Todos nos miramos y Diego dijo:

> – ¡La piñata se rio! ¡A las bicicletas!

Álvaro no fue a su bicicleta. Tenía mucho miedo. Estaba paralizado de miedo. Diego, Juan Luis y yo fuimos a las bicicletas.

Vimos que la línea de papeles de color violeta continuaba hacia la Calle Perla. Fuimos rápidamente hacia la Calle Perla. Estábamos tan[2] concentrados en la línea de papelitos que no mirábamos por donde íbamos. De repente, oímos el sonido de una motocicleta. La motocicleta iba rápidamente por la Calle Perla. La motocicleta

[2]*tan - so*

41

pasó muy cerca[3] de nosotros y casi[4] nos mató. Tuvimos miedo. Diego nos dijo:

    — ¡Esa motocicleta casi nos mata! ¡Pienso que esa era su intención!

De repente oímos una voz. Era la voz de Álvaro. Con pánico Álvaro nos dijo:

    — Chicos, vuelvan al parque. ¡Tienen que ver esto!

[3]*cerca - close*
[4]*casi - almost*

Capítulo 8
El motociclista

Volvimos rápidamente al Parque Rubí. Estábamos aterrorizados. Ya[1] era de noche. Pensamos

[1] ya - now; already

44

que la moto había desaparecido pero, de repente, oímos el motor. Vimos que Álvaro estaba en el parque y la motocicleta pasó rápidamente muy cerca de él. Tuvimos mucho miedo. No queríamos que el motociclista matara a nuestro amigo. Había muchos papeles de color violeta moviéndose con la brisa alrededor[2] de la moto. Todos los papeles se juntaron[3] y se movieron rítmicamente. En el parque se oía «¡Dale, dale,

[2]alrededor - around
[3]se juntaron - they joined together

dale!» a todo volumen. Mis amigos y yo cerramos los ojos. Estábamos aterrorizados y paralizados de miedo.

Vimos al motociclista. No era normal. Vimos dos pequeñas luces en su cabeza. ¿Eran sus ojos? Sí, ¡eran sus ojos! Los ojos eran crueles… diabólicos.

Diego dijo:

– ¡Los ojos! ¡Miren los ojos del motociclista! Joel, ¡son como los ojos que vimos en tu dormitorio!

Yo respondí:

— ¡El motociclista es la piñata zombi! ¡Tenemos que matar a esa piñata!

Oímos: «¡JA, JA, JA, JA, JA!». El motociclista se reía diabólicamente. De repente, mis amigos y yo estábamos en medio de un tornado de papeles de color violeta. El tornado nos atormentó

durante… ¿minutos? ¿horas? No teníamos idea. Tuvimos mucho miedo.

Entonces, no había nada. No oímos nada. No vimos nada. La motocicleta desapareció. Vimos un pequeño fragmento de la piñata. Llegó una brisa y el fragmento se movió y… desapareció.

Capítulo 9
Cómo matar a un zombi

Mis amigos y yo volvimos a mi casa. Mi mamá dijo:

– ¡Hola chicos! ¿Quieren pozole[1]?

Yo respondí:

– No, mamá, tenemos una misión importante.

Mi mamá estaba confundida, pero dijo:

– Ok...

[1]pozole - a Mexican stew

Fuimos a mi dormitorio. Íbamos a formar un plan sólido. Íbamos a destruir a la piñata zombi. Íbamos a matar a la piñata zombi.

Álvaro fue a la computadora. Abrió Google. «¿CÓMO MATAR UNA PIÑATA?». Yo vi la computadora y dije:

— No, no, no. Mira. ¿CÓMO MATAR A UN ZOMBI?

— Pero no hay información de las piñatas zombis.

— No importa. Una piñata zombi es un zombi. Vamos a matar a la piñata.

Yo vi «Cómo matar a un zombi» en el sitio web. *Clic*.

CÓMO SE INFECTA UN ZOMBI

EL HÁBITAT DE LOS ZOMBIS

LA NUTRICIÓN DE UN ZOMBI

CÓMO MATAR A UN ZOMBI

ES DIFÍCIL MATAR A UN ZOMBI. ¡UN ZOMBI YA ESTÁ MUERTO[2]! UN ZOMBI SOLO TIENE UN ÓRGANO IMPORTANTE: EL CEREBRO. LA INFECCIÓN DE LOS ZOMBIS AFECTA EL CEREBRO. PARA MATAR A UN ZOMBI ES NECESARIO QUE LE DESTRUYAS EL CEREBRO.

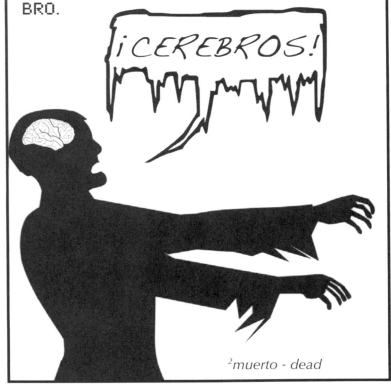

[2]*muerto - dead*

CABEZA   **CEREBRO**   **MOTOSIERRA**

ES POSIBLE DESTRUIR OTROS ÓRGA-NOS DE UN ZOMBI, PERO CON ESO NO LO VAS A MATAR. SOLO VAS A HACER[3] QUE EL ZOMBI TE ATAQUE. ENFOCA TODA TU ENER-GÍA EN LA DESTRUCCIÓN DEL CEREBRO.

HAY MUCHAS MANERAS CREATIVAS DE MATAR A UN ZOMBI.

TODOS LOS MÉTODOS PARA MATAR A ZOMBIS REQUIEREN QUE LES DESTRUYAS EL CEREBRO.

[3]hacer - to make

Juan Luis tuvo pánico y dijo:

– ¿Cómo vamos a destruir el cerebro de una piñata? ¿Las piñatas tienen cerebro?

Yo le respondí:

– Sí, es un zombi, es obvio que tiene un cerebro. Tenemos que destruirle la cabeza.

Capítulo 10
Mi cumpleaños

Volvimos al Parque Rubí. Teníamos un plan sólido. Estábamos preparados. Íbamos a matar al zombi. Era necesario destruirle el cerebro a la piñata. Estábamos preparados. De repente, vimos unos papeles de color violeta. Eran los fragmentos de la piñata. Los fragmentos de la piñata formaron un pequeño tornado. Entonces oímos un sonido. ¡Era la motocicleta! Estábamos preparados para atacar.

Anuncié el ataque:

– ¡MATEMOS A ESA PIÑATA!

❋ ❋ ❋

Llegó el día de mi cumpleaños. Estaba contento porque mis papás eran diferentes a los papás de Diego. Mis papás no pensaban que yo era un bebé. Mis papás me permitían planear la fiesta que YO quería. Iba a tener una fiesta con música, pero NO con música de mariachi. Iba a tener una fiesta con Churrumais, Coca-Cola y videojuegos. Y... ¡yo no quería una piñata en mi fiesta!

Diego, Juan Luis y Álvaro llegaron a mi casa. Mi mamá estaba en la casa y nos ofreció muchas cosas para la fiesta.

> – ¡Hola chicos! ¿Quieren unas quesadi-
> llas? ¿Quieren Churrumais? ¿Quieren
> Coca-Cola? ¿Qué quieren?
>
> – Gracias –dijimos todos y nos fuimos a
> mi dormitorio.

Todos estábamos muy felices. Era la fiesta perfecta. Entonces, fui al baño. Oí: «¡JA, JA, JA, JA, JA!». *«¡No es posible!»*, me dije. *«¡Ya matamos a la piñata!»* ¡Tuve miedo! *«¿Es real o es mi imaginación?»*

Volví rápidamente a mi dormitorio. Entré y vi que mis amigos estaban jugando videojuegos y se estaban riéndose: «¡JA, JA, JA, JA, JA!».

Diego me miró y dijo:

– Joel, ¡esta es una fiesta fantástica! ¡Feliz cumpleaños!

Estuvimos tan ocupados que no notamos un fragmento de papel que entró por la ventana. Era de color violeta...

Glosario

A

a - at; to
abrí - I opened
abrió - s/he opened
abrir - to open
aceptable - acceptable
aceptamos - we accepted
(que) acompañaran - (that) they accompany
acompañaron - they accompanied
adolescente - teenager
afecta - s/he, it affects
al - to the
alrededor - around
alucinaciones - hallucinations
amigo(s) - friend(s)
animal - animal
años - years
anuncié - I announced
apagado - turned off
aparecieron - they appeared
apareció - s/he, it appeared
área - area
atacamos - we attacked

atacando - attacking
atacar - to attack
atacarme - to attack me
atacarte - to attack you
atacó - s/he attacked
ataque - attack
aterrorizados - terrified
atormentó - s/he tormented
(me) atraía - it attracted (me, my attention)

B

baño - bathroom
bebé(s) - baby (babies)
beneficios - benefits
bicicleta(s) - bicycle(s)
bicis - bikes
botellas - bottles
brisa - breeze
broma - joke

C

cabeza - head
cafeína - caffeine
calle - street
cantaba - s/he, it was singing

cantaban - they were singing

caramelos - candies

(nos reímos a) carcajadas - (we laughed) roars of laughter

casa(s) - house(s)

casi - almost

celebrado

celebrar - to celebrate

cerca - close

cerebro - brain

cerramos - we closed

cerré - I closed

chicos - kids; boys

clic - click

color(es) - color(s)

cómica - funny

cómico(s) - funny

como - like; as

cómo - how

completamente - completely

computadora - computer

con - with

concentrados - focused

confundida - confused

confundido(s) - confused

confusión - confusion

contento(s) - happy

continuaba - s/he, it was continuing

corrección - correction

correcto - correct

cosa(s) - thing(s)

creativas - creative

crueles - cruel

cruelmente - cruelly

cuando - when

cumpleaños - birthday

D

dale - hit it

de - of; from

decidí - I decided

decidimos - we decided

decoraba - s/he was decorating

decoraciones - decorations

del - of the; from the

demandamos - we demanded

desaparecido - disappeared

desaparecieron - they disappeared

desapareció - s/he, it disappeared

desastre - disaster

describimos - we described

destrucción - destruction
destruida - destroyed
destruir - to destroy
destruirle - to destroy his/its (cabeza, cerebro, etc)
destruyas - you destroy
devoramos - we devoured
día(s) - day(s)
diabólicamente - diabolically
diabólicos - diabolical
dientes - teeth
diferentes - different
difícil - difficult
dije - I said
dijeron - they said
dijo - s/he said
donde - where
dónde - where
dormía - s/he, I was sleeping
dormían - they were sleeping
dormido - asleep
(nos) dormimos - we went to sleep
dormir - to sleep
dormirme - to fall asleep
dormitorio - bedroom
dos - two

durante - during

E

e - and
el - the
él - he
ellos - they
empecé - I began
empezamos - we begin
empezaron - they began
empezó - s/he, it began
en - in; on
energía - energy
enfoca - s/he, it focuses
enormes - enormous
entonces - then
entramos - we entered
entré - I entered
entró - s/he entered
entusiasmo - enthusiasm
era - s/he, it was
eran - they were
es - s/he, it is
esa - that
escuela - school
ese - that
eso - that
esos - those

especialmente - especially
está - s/he, it is
esta - this
estaba - s/hewas; it was; I was
estábamos - we were
estaban - they were
estado - state
están - they are
estas - these
este - this
esto - this
estoy - I am
estúpida - stupid
estuvimos - we were
eventos - events
excepción - exception
exhausto - exhausted
experiencias - experiences
extremadamente - extremely

F

familiares - family members
fantástica - fantastic
feliz - happy
fiesta - party
figura - figure
final - final; end

finalmente - finally
forma - form
formaban - they formed
formar - to form
formaron - they formed
fragmento(s) - fragment(s)
frustración - frustration
fruta - fruit
fue - s/he, it was; s/he, it went
(como si) fueran - (as if) they were
fueron - they were; went
fui - I went
fuimos - we went
funcionaba - it worked, functioned
furia - fury
furiosamente - furiously

G

gran - great
grandes - large
grupo - group

H

había - there was, there were; it had; he had; I had
habíamos - we had

habían - they had
hacer - to make
hacia - toward
hay - there is; there are
hola - hello
hora(s) - hour(s)
horrible - horrible
horror - horror

I

iba - s/he, I, it was going
íbamos - we were going
iban - they were going
idea - idea
imaginábamos - we were imagining
imaginación - imagination
imaginando - imagining
imitó - s/he imitated
(no) importa - s/he, it isn't important; it doesn't matter
importante - important
increíble - incredible
infección - infection
información - information
informarle - to inform him/her
inmediatamente - immediately

insistí - I insisted
intacta - intact
intactos - intact
intención - intention
intolerable - intolerable
investigaba - I investigated
investigamos - we investigated
investigar - to investigate
invitado(s) - guest(s)
invitar - to invite
invité - I invited

J

jugaba - s/he, I was playing
jugaban - they were playing
jugamos - we played
jugando - playing
jugar - to play
julio - July
(se) juntaron - they joined together

L

la - the; her
las - the; them
le - to him/her
les - to them
limpiamos - we cleaned

Glosario (Past Tense)

limpiando - cleaning
limpiar - to clean
(que) limpien - (that) you
  clean
línea - line
llama - llama (animal)
llegamos - we arrived
llegar - to arrive
llegaron - they arrived
llegó - s/he arrived
lo - it; him
los - the; them
luces - lights
luz - light

M

mamá - mom
mañana - morning
maneras - ways; manners
mariachi - mariachi band
más - more
mata - s/he, it kills; kill!
mátala - kill it!
matar - to kill
(que) matara - (that) s/he kill
matemos - let's kill
mató - s/he, it killed
(te) mato - I'll kill (you)
me - me; to me

medio - middle
métodos - methods
mi - my
miedo - fear
minutos - minutes
mira - s/he, it looks at; look!
miraba - s/he was looking at
mirábamos - we were looking at
miraban - they were looking
  at
(nos) miramos - we looked
  at (each other)
mirarme - to look at me
miraron - they looked at
miré - I looked at
miren - look at
miró - s/he looked at
mis - my
misión - mission
momento - moment
moto - motorcycle
motocicleta - motorcycle
motociclista - motorcyclist
motor - motor
motosierra - chainsaw
moverse - to move
(se) movía - s/he, it was
  moving

67

(se) movían - they were moving

moviéndose - moving

(se) movieron - they moved

(se) movió - s/he, it moved

mucha(s) - much, a lot, many

mucho(s) - much, a lot, many

muerto - dead

música - music

muy - very

N

nada - nothing

necesario - necessary

necesitaba - s/he, I needed

necesito - I need

nerviosos - nervous

ni - nor; neither

no - no

noche - night

normal(es) - normal

normalidad - normal

nos - us; to us

nosotros - we

nuestra(s) - our

nuestro(s) - our

número - number

O

o - or

observaba - s/he, I was observing

observamos - we observe

observó - s/he observed

obvio - obvious

ocurrido - occurred

odiaba - s/he, I hated

odio - I hate

ofreció - s/he offered

oí - I heard

(se) oía - was heard

oigan - they hear

oímos - we heard

oír - to hear

ojos - eyes

opinión - opinion

organizando - organizing

organizar - to organize

órgano(s) - organ(s)

otro(s) - another; other(s)

P

palo - stick

pánico - panic

papá - dad

papás - parents

papel(es) - paper(s)

papelito(s) - little paper(s)

para - for; in order to

paralizado(s) - paralyzed

parque - park

pasaba - s/he, I, it was passing

¿(Qué) pasaba? - (What) was happening?

pasar - to pass

pasé - I passed

pasó - s/he passed

pasta(s) de dientes - toothpaste(s)

patio - patio

película - movie

pensaba - s/he, I was thinking

pensaban - they were thinking

pensamos - we thought

pensé - I thought

pequeña(s) - little, small

pequeño - little, small

perdón - sorry

perfecta - perfect

perfecto - perfect

permitían - they permitted, allowed

pero - but

persona - person

personas - people

piensas - you think

pienso - I think

piñata(s) - piñata(s)

plan - plan

planeábamos - we were planning

planeada - planned

planeado - planned

planear - to plan

planeó - s/he planned

por - for

porque - because

posible - possible

pozole - a type of soup or stew

prender - to turn on

prendieron - they turned on

preparado(s) - prepared

probablemente - probably

problemas - problems

puerta - door

Q

que - that

qué - what

quería - s/he, I wanted

queríamos - we wanted

querían - they wanted

quesadillas - quesadillas (cheese inside tortillas)

quiere - s/he, it wants

quieren - you want

quieres - you want

quiero - I want

R

radio - radio

rápidamente - quickly

rara(s) - strange

raro(s) - strange

real(es) - real

(**te**) **refieres -** you are referring

(**me**) **reí -** I laughed

(**se**) **reía -** s/he, it laughed; was laughing

(**se**) **reían -** they laughed; were laughing

(**nos**) **reímos -** we laughed; were laughing

(**de**) **repente -** suddenly

replicó - s/he replied

requieren - they require

respondí - I responded

respondió - s/he responded

resultado - result

rey - king

ridícula - ridiculous

ridículos - ridiculous

riéndose - laughing

(**te**) **ríes -** you laugh

(**me**) **rio -** I laugh

rítmicamente - in rhythm, rhythmically

S

salpicón - a shredded beef salad

sarcásticamente - sarcastically

sensación - sensation, feeling

ser - to be

shock - shock

si - if

sí - yes

silencio - silence

sin - without

sitio(s) - sites, places

situación - situation

sólido - solid

solo - only; alone

son - they are

sonido(s) - sounds

(**me**) **sorprendí -** I was surprised

sorpresa - surprise

su(s) - his; her; their

suficientes - sufficient, enough

supermercado - supermarket

T

también - too, also

tan - so

te - you; to you

tenemos - we have

tener - to have

(que) tengas - (that) you have

tengo - I have

tenía - s/he, , it I had

teníamos - we had

terribles - terrible

tiene - s/he, it has

tienen - they have

tienen que - you have to

tienes - you have

toda(s) - all, every, everything; everyone

todo(s) - all, every, everything; everyone

tornado - tornado

torturaba - s/he, it tortured

totalmente - totally

transformaron - they transformed

tres - three

tú - you

tu(s) - your

tuve - I had

(que) tuvieran - (that) they had

tuvimos - we had

tuvo - s/he had

U

uf - ugh

un - one; a, an

una - one; a, an

unos - some

V

vamos - we go; let's go

van - they go

varios - various; several

vas - you go

ventana - window

ver - to see

vergüenza - shame; embarrassment

vi - I saw

vida - life

videojuegos - video games

vieron - they saw

vimos - we saw

vio - s/he saw

violeta(s) - violet, purple

visto - seen

volumen - volume

volver - to return

volví - I returned

volvimos - we returned

volvió - it returned

volvió a mirarme - he looked at me again

voz - voice

vuelto - returned

vuelvan - they return

Y

y - and

ya - now; already

yo - I

Z

zombi(s) - zombie(s)

MATA LA PIÑATA

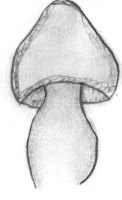

Written by
Kristy Placido

Cover and Chapter Art by
Zoe Zaviski

Edited by
Carol Gaab

ISBN: 978-1-945956-72-0

Fluency Matters, P.O. Box 11624, Chandler, AZ 85248

info@FluencyMatters.com • FluencyMatters.com

A Note to the Reader

This fictitious Comprehension-based™ reader is based on 100 high-frequency words in Spanish. It contains a *manageable* amount of vocabulary and numerous cognates (words that are similar in two languages), making it an ideal first read for beginning language students.

There are two versions of this book under one cover. The past tense version is narrated completely in the past, with dialogue in the appropriate tense. The present tense version is narrated in present tense with dialogue in the appropriate tense.

All vocabulary is listed in the glossary. Keep in mind that many verbs are listed in the glossary more than once, as most appear throughout the book in various forms and tenses. (Ex.: I go, he goes, let's go, etc.) Vocabulary that would be considered beyond a 'novice-low' level is footnoted within the text, with meanings given at the bottom of the page where the expression first occurs.

The opinions and events in this story do not reflect or represent the opinions or beliefs of Fluency Matters. This novel is intended for educational entertainment only. We hope you enjoy reading it!

Índice

THIS IS THE
PRESENT TENSE VERSION OF
MATA LA PIÑATA.

TO READ THIS BOOK IN THE
PAST TENSE,
TURN BOOK OVER AND READ
FROM FRONT COVER.

Capítulo 1
La fiesta de Diego

El cumpleaños de mi amigo Diego es en julio, el día 13. Diego y yo tenemos un gran plan para celebrar su cumpleaños número 13. Vamos a invitar a todo el grupo de amigos a pasar la noche en casa de Diego. Vamos a tener una

fiesta con muchos Churrumais y mucha Coca-Cola. No vamos a dormir en toda la noche. ¡Vamos a pasar toda la noche con los videojuegos, los Churrumais y las Coca-Colas! Va a ser[1]

[1]*va a ser - it is going to be*

una fiesta increíble.

Los papás de Diego le dicen que el plan es aceptable. ¡Perfecto!

El día de su cumpleaños llega. Yo voy a la casa de Diego en la mañana. Vamos al supermercado Bodega Aurrerá por los Churrumais y las

Coca-Colas. ¿Son suficientes 10 botellas de Coca-Cola? Sí, sí son suficientes. Volvemos a la casa con los Churrumais y las Coca-Colas. Cuando llegamos a la casa, vemos que la mamá de Diego decora el patio de la casa. Decora el patio con muchos colores. En nuestra opinión, es horrible.

Diego le dice a su mamá:

– ¡Mamá! ¡Esta es una fiesta para bebés! Tengo 13 años. No quiero una fiesta para bebés. ¡No quiero decoraciones de muchos colores!

La mamá de Diego replica:

– Diego, ¿quieres una fiesta? Vas a tener una fiesta de colores. ¡Y con música! ¡Te tengo planeada una sorpresa! Los invitados van a llegar en unos minutos.

– ¿INVITADOS? Te refieres a mis amigos, ¿correcto?

Su mamá responde a Diego:

– Yo he invitado a nuestros amigos y familiares. Tu cumpleaños es muy importante. ¡Quiero que tengas una fiesta increíble, Diego!

Capítulo 2
Una fiesta con piñata

Diego me mira con frustración. No está contento. No está contento con la fiesta que su mamá planea. Es una fiesta para bebés. No quiere decoraciones, invitados ni música. Diego y yo entramos a la casa. Diego me dice sarcásticamente:

– Mi mamá probablemente también tiene planeado un mariachi. ¡JA, JA, JA!
Vamos a mi dormitorio. ¡Vamos a organizar todo para la fiesta!

Vamos con las Coca-Colas y los Churrumais al dormitorio de Diego. Estamos en el dormitorio de Diego, organizando todos los videojuegos. Planeamos una fiesta increíble para no dormir en toda la noche cuando, de repente[1], oímos música. Su mamá tiene la música a todo volumen en el patio. ¿Qué pasa?

[1] de repente - suddenly

Diego me mira y me dice:

– Ay, ¡mi mamá! ¿Música de mariachi?
¡Tiene la radio a todo volumen! Esa música es horrible. Vamos al patio.

Vamos al patio para informarle a la mamá de Diego que no queremos la música a todo volumen. Vamos al patio y, de repente, oímos: *«¡FELIZ CUMPLEAÑOS DIEGO!»*. Oímos: *«Estas son las mañanitas, que cantaba el rey David...»*.

¡Hay un mariachi en el patio! Yo miro a Diego. Está en estado de shock. Hay muchas personas en el patio. Muchos familiares y amigos de la escuela están en el patio. Al final de 'Las mañanitas', la mamá de Diego le dice:

    – Diego, ¡feliz cumpleaños!

El papá de Diego le dice:

    – Diego, ¡sorpresa! Tenemos una piñata para la fiesta.

Diego me mira con ojos grandes. ¿Una piñata? Las piñatas son para los bebés. Yo le digo:

    – Increíble, amigo. ¡JA, JA, JA! ¡Vamos a atacar esa piñata!

Vamos a donde el papá de Diego tiene la piñata. Es una piñata horrible. ¿Los papás de Diego piensan que tenemos 8 años? El papá de Diego tiene un palo². Es obvio que el papá de Diego piensa que la piñata es increíble. Le dice:

    – ¡Vamos Diego!

Oímos: «¡Dale, dale, dale!».

²palo - stick

La piñata tiene la forma de una llama... ¡de color violeta! Tiene ojos enormes y dientes ridículos. Diego mira la piñata con odio. ¡Qué vergüenza[3]! Nuestros amigos miran a Diego y cantan[4]: *«¡Dale, dale, dale!»*. Cantan sarcástica-

[3]*¡Qué vergüenza!* - How embarrassing!
[4]*cantan* - they sing

mente y se ríen. Es obvio que nuestros amigos piensan que la piñata es muy cómica.

Diego tiene vergüenza. No quiere la piñata. Odia la piñata. Sus amigos se ríen y cantan. El papá de Diego le ofrece el palo. Diego mira la piñata y le dice:

– ¡Te odio, piñata! ¡Te odio, llama estúpida! ¡Te mato[5] con este palo!

Diego empieza a atacar furiosamente la piñata con el palo. Ataca la piñata con mucha
furia. ¡Quiere caramelos para sus amigos! Mis
amigos y yo nos reímos y demandamos:

–¡Mátala, mátala!

De repente la piñata se abre y vemos las
cosas que están en la piñata. ¿Dónde están los
caramelos? ¡Diego ve que hay fruta y pasta de
dientes en el patio! ¿Una piñata con pasta de
dientes y fruta? Diego mira a su papá. Su papá
está muy contento y dice:

– Mira, Diego, ¡hay fruta y pasta de dientes para tus amigos! Es perfecto, ¿no?
Los caramelos son terribles para los
dientes. ¡Y la fruta tiene muchos beneficios para el cerebro[6]!

[5]*te mato - I'll kill you*
[6]*cerebro - brain*

Capítulo 3
Una noche sin dormir

La fiesta es intolerable, y Diego y yo estamos muy contentos cuando todas las personas se van. Otros dos amigos, Álvaro y Juan Luis también van a pasar la noche en la casa de Diego. Nos miramos porque todos queremos jugar videojuegos. Vamos al dormitorio de Diego. Diego imita a su papá sarcásticamente: *«¡La fruta tiene muchos beneficios para el cerebro!»*. Todos nos reímos a carcajadas[1].

Estamos contentos con las cosas del supermercado. No queremos la fruta de la piñata. Todos queremos dos botellas de Coca-Cola porque no planeamos dormir en toda la noche. Queremos la cafeína para tener mucha energía. A las tres de la mañana, yo voy al baño (¡Es el resultado de las dos botellas de Coca-Cola!). En

[1]nos reímos a carcajadas - we laugh our heads off

el baño, yo miro por la ventana. Veo la piñata en el patio. También veo la fruta y la pasta de dientes. Me rio. Es muy cómico que los papás tuvieran[2] una piñata para la fiesta de cumpleaños de Diego. ¡Qué vergüenza! ¡Y la fruta y la pasta de dientes! ¡JA, JA, JA! ¡Qué crueles! De repente, tengo una sensación muy rara. Tengo la sensación de que una persona me observa.

Yo vuelvo a la ventana. De repente, ¡la piñata aparece en la ventana! Me sorprendo y vuelvo rápidamente al dormitorio de Diego. Pienso que es una broma[3] de mis amigos.

²*que tuvieran - that they had*
³*broma - joke*

Mis amigos juegan videojuegos cuando entro y les digo:

    – ¡JA, JA, JA!, chicos. ¡Muy cómicos! Qué broma. Vi[4] la piñata en la ventana.

[4]*vi - I saw*

Mis amigos me miran con confusión.

– ¿Qué? ¿Qué es muy cómico?

– La llama. La piñata ridícula. La vi en la ventana.

– ¿Qué? –mis amigos están muy confundidos.

– ¿No es una broma? La piñata apareció en la ventana de repente. Tuve miedo[5] –yo también estoy confundido.

Yo insisto en que mis amigos me acompañen al baño.

[5]*tuve miedo - I was afraid (I had fear)*

– Miren por la ventana –les digo.

Mis amigos van a la ventana. Diego vuelve a mirarme y me dice:

– La piñata no está en la ventana.

Yo voy a la ventana y miro hacia el patio. La piñata está en el patio. No está en la ventana.

– Chicos, vamos al patio. Yo quiero investigar la piñata. ¡La piñata se mueve! ¡La piñata tiene vida[6]!

Mis amigos me acompañan al patio. Se ríen mucho. Probablemente se ríen porque son las tres de la mañana... y no hemos dormido... y tenemos mucha energía por la cafeína. Vamos hacia la piñata. Decidimos matar la piñata.

[6]*tiene vida - it is alive (it has life)*

Capítulo 4
La imaginación

Los papás de Diego duermen. Diego dice:

— ¡SHHHHHH! No quiero que mis papás nos oigan.

La piñata está en el patio. El palo también está en el patio. Empezamos a atacar la piñata con el palo. También la atacamos con la fruta. Y

Mata la piñata

22

la atacamos con la pasta de dientes. Diego ataca la piñata con toda la frustración de un adolescente que tiene que celebrar su cumpleaños con una piñata. Yo digo con mucho entusiasmo:

– ¡Mata la piñata, Diego! ¡JA, JA, JA!

De repente, oímos al papá de Diego. Está en la ventana del baño.

– ¡Chicos! ¿Por qué están en el patio? ¿Por qué están atacando la piñata? ¡A dormir!

Vamos al dormitorio. Y, finalmente, nos dormimos.

✳ ✳ ✳

En la mañana, todos vamos al patio. La piñata está en el patio. Está totalmente destruida, con excepción de la cabeza[1]. Tiene dos ojos y esos ridículos dientes intactos. Hay papelitos violetas y fragmentos de piñata por todo el patio.

[1]cabeza - head

¡Qué desastre!

La mamá de Diego va al patio. Observa la destrucción y nos dice:

— Chicos, quiero que limpien[2] el patio.
Esta piñata es un desastre.

[2]*quiero que limpien - I want you to clean*

24

Diego nos dice:

    – Odio esa estúpida piñata.

Álvaro y Juan Luis no quieren limpiar.

    – Ahhhhh... perdón pero nosotros no vamos a limpiar nada. Tenemos que volver a nuestras casas –nos dicen e inmediatamente se van a sus casas.

Yo decido limpiar el patio con Diego. Yo empiezo a limpiar y a organizar el patio. Estoy limpiando la fruta, las pastas de dientes y los fragmentos de la piñata. De repente, oigo que la piñata se ríe:

    – ¡JA, JA, JA!

Pienso: *«¿La piñata se ríe? Estoy imaginando cosas. Tengo alucinaciones. Pienso que tengo que dormir».*

Diego y yo limpiamos todo el patio, y voy al dormitorio de Diego por mis cosas. Necesito volver a mi casa. Estoy exhausto y quiero dormir. Yo me voy de la casa de Diego.

Paso el supermercado, paso la casa de Juan Luis y paso el Parque Rubí. De repente, en el parque, veo una cosa muy rara. Veo un papel de color violeta. Me atrae. Voy a investigar el papel y, en ese momento, veo muchos papeles de color violeta. Forman una línea. Decido investigar la

línea de papeles. Los papeles empiezan a moverse. Se mueven como si fueran un pequeño tornado.

Yo estoy investigando los papeles cuando veo una cosa de color violeta. Veo una figura de color violeta que se mueve por el parque. *«¿Es la piñata?»* No es posible. Tengo miedo. Pienso: *«¡Estoy imaginando cosas! ¡Tengo que dormir!»*.

Capítulo 5
Una piñata zombi

Al otro día, yo estoy jugando videojuegos en mi dormitorio. No hay luz, con excepción de la luz de la computadora. Yo veo que es la 1:00

a.m. Yo oigo un sonido. Oigo un sonido por la puerta[1] de mi dormitorio. ¿Es mi mamá? ¡Ay, ay, ay! Yo no quiero problemas con mi mamá. Yo voy hacia la puerta. No veo nada. Voy al baño. No veo nada en el baño. No oigo nada en el baño. Vuelvo a mi dormitorio.

Yo no duermo. Pienso en los eventos de la fiesta de Diego, en el tornado pequeño de papeles en el parque, en la figura violeta y en los sonidos raros. De repente, veo una luz. No, corrección, veo DOS luces en mi ventana. ¿Son ojos? ¡Uf! Yo quiero dormir. Tengo miedo. Pienso: «¿Es mi imaginación o es real?». Tengo mucho miedo.

Decido que es mi imaginación. Decido dormirme. De repente, empiezo a oír sonidos. Oigo sonidos en el patio. Voy al patio para investigar.

En el patio, veo una cosa extremadamente rara. El patio está completamente preparado para una fiesta. Pero… mi cumpleaños es en 15 días.

[1]puerta - door

¿Por qué hay decoraciones de cumpleaños en mi patio? Hay decoraciones de muchos colores. De repente, oigo música de mariachi. Oigo 'Las mañanitas'. Pero la música no es música para celebrar. Es una música rara como la de una película² de horror.

Entonces, aparecen dos luces en el patio. Cierro³ los ojos. Abro los ojos. Veo una figura. Es una piñata con forma de llama. La piñata no es normal. Es rara. Es como un zombi. No está intacta. Está en fragmentos. No tiene ojos norma-

²película - movie
³cierro - I close

les. Tiene ojos crueles. Oigo: «¡JA, JA, JA!»

«¿La piñata se ríe?». Sí. Se ríe cruelmente. Tengo mucho miedo. Cierro los ojos. Me digo: «Es mi imaginación. Es mi imaginación. No es real. Necesito dormir. No es real».

Cuando vuelvo a abrir[4] los ojos, no veo nada en el patio. No oigo música. No veo la luz, ni la piñata. El patio ha vuelto[5] a la normalidad. Es mi imaginación. No hay una piñata zombi en el patio.

Me voy a dormir.

[4]*vuelvo a abrir - I re-open*
[5]*ha vuelto - has returned*

Capítulo 6
Dos ojos

En 13 días va a ser mi cumpleaños. Yo quiero planear mi fiesta. No quiero una fiesta para bebés como la de Diego. No quiero una piñata (especialmente una piñata rara con forma de llama de color violeta que me tortura la imaginación). No quiero un mariachi ni decoraciones de muchos colores. Diego llega a mi casa. Vamos a jugar videojuegos y a planear mi fiesta.

Decido informarle a Diego de mis experiencias raras con la piñata. Le digo:

— Diego, pienso que la piñata de tu fiesta quiere atacarme. Pienso que tu piñata volvió y que es un zombi.

Diego me mira con ojos enormes. Responde:

— Joel, tú tienes problemas. ¿Tú piensas que hay una piñata zombi en tu patio y que quiere atacarte? Eso no es posible.

Le digo:

— ¡JA, JA, JA! No, no es posible. Es una broma. Vamos a jugar.

Entonces empezamos a jugar videojuegos. Jugamos durante una hora. Mi mamá entra a mi dormitorio y dice:

— Joel, ¿quieres salpicón[1]? Diego, ¿quieres salpicón?

[1]salpicón - Mexican shredded beef salad

Diego dice que sí. Devoramos el salpicón rápidamente y entonces volvemos a mi dormitorio para jugar más.

Entramos a mi dormitorio y vemos que no hay luz. ¡Qué raro! No apagamos[2] la computadora ni las luces. Yo voy a prender[3] la luz cuando, de repente, vemos dos luces pequeñas. Quiero prender la luz pero la luz no funciona. Yo veo que los ojos de Diego están enormes.

– ¿Son ojos? ¡Yo veo dos ojos! –dice Diego con mucho miedo.

[2]apagamos - turn off
[3]prender - turn on

Entonces, vemos una figura con la forma de un animal. La figura pasa por el dormitorio rápidamente y, de repente, desaparece por la ventana. Entonces, la computadora y las luces de mi dormitorio se prenden. Yo tengo mucho miedo. Diego también tiene miedo.

Nos miramos con ojos enormes. ¡Qué miedo! Observamos el dormitorio en silencio. Entonces vemos un papelito. Se mueve con la brisa de la ventana. Nerviosos, vamos a investigar. Es un papel… ¡de color violeta! Entonces, vemos varios papeles. Todos se mueven con la brisa. Los papelitos se

mueven hacia la ventana, forman un pequeño tornado y, de repente, desaparecen por la ventana.

Tengo miedo, pero también estoy contento. Yo no estoy imaginando estos eventos raros. Mi amigo también los observa. No imaginamos nada. Los eventos son reales.

Capítulo 7
El parque

Diego y yo decidimos que es importante investigar la situación con la piñata. Vamos en bicicleta a las casas de Álvaro y de Juan Luis. Les describimos los eventos que han ocurrido. Decidimos investigar todos los sitios donde han ocurrido estos raros eventos. Vamos a la casa de Diego. Investigamos en el patio y en el dormitorio de Diego. No vemos nada raro.

Álvaro nos dice:

– Había[1] una línea de papeles de color violeta en el parque, ¿no?

– Sí, en el Parque Rubí.

– Entonces, ¿los papeles de color violeta se transformaron en un pequeño tornado?

– Sí.

– Vamos al Parque Rubí.

Vamos rápidamente en las bicis hacia el Parque Rubí. En el parque, vamos a donde estaban los papeles de color violeta y el pequeño tornado. Todos investigamos el área. De repente, Juan Luis dice:

– Chicos, ¡hay papeles de color violeta!

[1]había - there was

Vamos a donde Juan Luis mira los papeles. Vemos que los papeles forman una línea. Pero, no es una línea pequeña de papeles. Hay MU-CHOS papeles que forman una línea que pasa por todo el parque.

Álvaro se ríe: «¡JA, JA, JA, JA, JA!». Miro a Álvaro y le digo:

– ¿Por qué te ríes? No es una broma. No es cómico. Tengo miedo.

Álvaro me responde:

– Yo no me rio.

Todos nos miramos y Diego dice:

– ¡La piñata se ríe! ¡A las bicicletas!

Álvaro no va a su bicicleta. Tiene mucho miedo. Está paralizado de miedo. Diego, Juan Luis y yo vamos a las bicicletas.

Vemos que la línea de papeles de color violeta continua hacia la Calle Perla. Vamos rápidamente hacia la Calle Perla. Estamos tan^2 concentrados en la línea de papelitos que no miramos por donde vamos. De repente, oímos el sonido de una motocicleta. La motocicleta va rápidamente por la Calle Perla. La motocicleta

^{2}*tan - so*

pasa muy cerca[3] de nosotros y casi[4] nos mata. Tenemos miedo. Diego nos dice:

> – ¡Esa motocicleta casi nos mata! ¡Pienso que esa es su intención!

De repente oímos una voz. Es la voz de Álvaro. Con pánico Álvaro nos dice:

> – Chicos, vuelvan al parque. ¡Tienen que ver esto!

[3]cerca - *close*
[4]casi - *almost*

Capítulo 8
El motociclista

Volvemos rápidamente al Parque Rubí. Estamos aterrorizados. Ya[1] es de noche. Pensamos

[1]ya - now, already

que la moto ha desaparecido pero, de repente, oímos el motor. Vemos que Álvaro está en el parque y la motocicleta pasa rápidamente muy cerca de él. Tenemos mucho miedo. No queremos que el motociclista mate a nuestro amigo. Hay muchos papeles de color violeta moviéndose con la brisa alrededor[2] de la moto. Todos los papeles se juntan[3] y se mueven rítmicamente. En el parque se oye *«Dale, dale, dale»* a todo

[2]*alrededor - around*
[3]*se juntan - join together*

volumen. Mis amigos y yo cerramos los ojos. Estamos aterrorizados y paralizados de miedo.

Vemos al motociclista. No es normal. Vemos dos pequeñas luces en su cabeza. ¿Son sus ojos? Sí, ¡son sus ojos! Los ojos son crueles... diabólicos.

Diego dice:

– ¡Los ojos! ¡Miren los ojos del motociclista! Joel, ¡son como los ojos que vimos en tu dormitorio!

Yo respondo:

– ¡El motociclista es la piñata zombi!

¡Tenemos que matar a esa piñata!

Oímos: «¡JA, JA, JA, JA, JA!».

El motociclista se ríe diabólicamente. De repente, mis amigos y yo estamos en medio de un tornado de papeles de color violeta. El tornado nos atormenta durante... ¿minutos? ¿horas? No

tenemos idea. Tenemos mucho miedo.

Entonces, no hay nada. No oímos nada. No vemos nada. La motocicleta desaparece. Vemos un pequeño fragmento de la piñata. Llega una brisa y el fragmento se mueve y... desaparece.

Capítulo 9
Cómo matar a un zombi

Mis amigos y yo volvemos a mi casa. Mi mamá dice:

— ¡Hola chicos! ¿Quieren pozole[1]?

Yo respondo:

— No, mamá, tenemos una misión importante.

Mi mamá está confundida, pero dice:

— Ok...

[1] pozole - a Mexican stew

49

Vamos a mi dormitorio. Vamos a formar un plan sólido. Vamos a destruir a la piñata zombi. Vamos a matar a la piñata zombi.

Álvaro va a la computadora. Abre Google. «¿CÓMO MATAR UNA PIÑATA?». Yo veo la computadora y digo:

> — No, no, no. Mira. ¿CÓMO MATAR A UN ZOMBI?

> — Pero no hay información de las piñatas zombis.

> — No importa. Una piñata zombi es un zombi. Vamos a matar a la piñata.

Yo veo «Cómo matar a un zombi» en el sitio web. *Clic*.

CÓMO SE INFECTA UN ZOMBI

EL HÁBITAT DE LOS ZOMBIS

LA NUTRICIÓN DE UN ZOMBI

CÓMO MATAR A UN ZOMBI

ES DIFÍCIL MATAR A UN ZOMBI. ¡UN ZOMBI YA ESTÁ MUERTO[2]! UN ZOMBI SOLO TIENE UN ÓRGANO IMPORTANTE: EL CERE-BRO. LA INFECCIÓN DE LOS ZOMBIS AFECTA EL CEREBRO. PARA MATAR A UN ZOMBI ES NECESARIO QUE LE DESTRUYAS EL CERE-BRO.

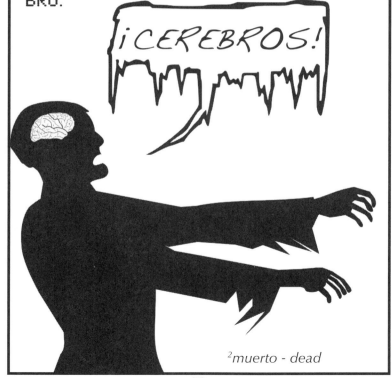

[2]*muerto - dead*

CABEZA   **CEREBRO**   **MOTOSIERRA**

ES POSIBLE DESTRUIR OTROS ÓRGA-
NOS DE UN ZOMBI, PERO CON ESO NO LO
VAS A MATAR. SOLO VAS A HACER[3] QUE EL
ZOMBI TE ATAQUE. ENFOCA TODA TU ENER-
GÍA EN LA DESTRUCCIÓN DEL CEREBRO.

HAY MUCHAS MANERAS CREATIVAS DE
MATAR A UN ZOMBI.

TODOS LOS MÉTODOS PARA MATAR A
ZOMBIS REQUIEREN QUE LES DESTRUYAS
EL CEREBRO.

[3]hacer - to make

Juan Luis tiene pánico y dice:

— ¿Cómo vamos a destruir el cerebro de
una piñata? ¿Las piñatas tienen cerebro?

Yo le respondo:

— Sí, es un zombi, es obvio que tiene un
cerebro. Tenemos que destruirle la cabeza.

Capítulo 10
Mi cumpleaños

Volvemos al Parque Rubí. Tenemos un plan sólido. Estamos preparados. Vamos a matar al zombi. Es necesario destruirle el cerebro a la piñata.

De repente, vemos unos papeles de color violeta. Son los fragmentos de la piñata. Los fragmentos de la piñata forman un pequeño tornado. Entonces oímos un sonido. ¡Es la motocicleta! Estamos preparados para atacar.

Anuncio el ataque:

– ¡MATEMOS A ESA PIÑATA!

✳ ✳ ✳

Es el día de mi cumpleaños. Estoy contento porque mis papás son diferentes a los papás de Diego. Mis papás no piensan que yo soy un bebé. Mis papás me permiten planear la fiesta como YO la quiero. Voy a tener una fiesta con música, pero NO con música de mariachi. Voy a tener una fiesta con Churrumais, Coca-Cola y videojuegos. En mi fiesta no quiero una piñata.

Diego, Juan Luis y Álvaro llegan a mi casa. Mi mamá está en la casa y nos ofrece muchas cosas para la fiesta.

– ¡Hola chicos! ¿Quieren quesadillas? ¿Quieren Churrumais? ¿Quieren Coca-Cola? ¿Qué quieren?

– Gracias –decimos todos y nos vamos a mi dormitorio.

Todos estamos muy felices. Es la fiesta perfecta. Entonces, voy al baño. Oigo: «¡JA, JA, JA, JA, JA!». «¡No es posible!», me digo. «¡Ya matamos la piñata!» ¡Tengo miedo! «¿Es real o es mi imaginación?»

Vuelvo rápidamente a mi dormitorio. Entro y veo que mis amigos están jugando videojuegos y se ríen: «¡JA, JA, JA, JA, JA!».

Diego me mira y dice:

– Joel, ¡esta es una fiesta fantástica! ¡Feliz cumpleaños!

Estamos tan ocupados que no notamos un fragmento de papel que entra por la ventana. Es de color violeta...

Glosario

A

a - at; to
abre - s/he opens
abrir - to open
abro - I open
aceptable - acceptable
acompañan - they accompany
(que) acompañen - (that) they accompany
adolescente - teenager
afecta - it affects
al - to the
alrededor - around
alucinaciones - hallucinations
amigo(s) - friend(s)
animal - animal
años - years
anuncio - announcement
apagamos - we turn off
aparece - s/he appears
aparecen - they appear
apareció - it appeared
área - area
ataca - s/he attacks

atacamos - we attack
atacando - attacking
atacar - to attack
atacarme - to attack me
atacarte - to attack you
ataque - attack
aterrorizados - terrified
atormenta - s/he torments
(me) atrae - it attracts (me/my attention)

B

baño - bathroom
bebé(s) - baby/babies
beneficios - benefits
bicicleta(s) - bicycle(s)
bicis - bikes
botellas - bottles
brisa - breeze
broma - joke

C

cabeza - head
cafeína - caffeine
calle - street
cantaba - s/he was singing

cantan - they sing
caramelos - candies
(**nos reimos a**) **carcajadas -**
    (we laughed) roars of
    laughter
casa(s) - house(s)
casi - almost
celebrar - to celebrate
cerca - close
cerebro - brain
cerramos - we close
chicos - kids; boys
cierro - I close
clic - click
color(es) - color(s)
cómica - funny
cómico(s) - funny
como - like; as
cómo - how
completamente - com-
    pletely
computadora - computer
con - with
concentrados - focused
confundida - confused
confundido(s) - confused
confusión - confusion
contento(s) - happy

continua - it continues
corrección - correction
correcto - correct
cosa(s) - thing(s)
creativas - creative
crueles - cruel
cruelmente - cruelly
cuando - when
cumpleaños - birthday

D

dale - hit it
de - of; from
decidimos - we decide
decido - I decide
decora - s/he decorates
decoraciones - decorations
del - of the; from the
demandamos - we demand
desaparece - it disappears
desaparecen - they disap-
    pear
desaparecido - disappeared
desapareció - it disappeared
desastre - disaster
describimos - we describe
destrucción - destruction
destruida - destroyed

destruir - to destroy
destruirle - to destroy his/its (cabeza, cerebro, etc)
destruyas - you destroy
devoramos - we devour
día(s) - day(s)
diabólicamente - diabolically
diabólicos - diabolical
dice - s/he says
dicen - they say
dientes - teeth
diferentes - different
difícil - difficult
digo - I say
donde - where
dónde - where
dormido - asleep
(nos) dormimos - we go to sleep, we fall asleep
dormir - to sleep
dormirme - to fall asleep
dormitorio - bedroom
dos - two
duermen - they sleep
duermo - I sleep
durante - during

E

e - and
el - the
él - he
empezamos - we begin
empieza - s/he, it begins
empiezan - they begin
empiezo - I begin
en - in; on
energía - energy
enfoca - s/he, it focuses
enormes - enormous
entonces - then
entra - s/he, it enters
entramos - we enter
entro - I enter
entusiasmo - enthusiasm
es - s/he, it is
esa - that
escuela - school
ese - that
eso - that
esos - those
especialmente - especially
esta - this
está - s/he, it is
estaban - they were
estado - state

estamos - we are
están - they are
estas - these
este - this
esto - this
estos - these
estoy - I am
estúpida - stupid
eventos - events
excepción - exception
exhausto - exhausted
experiencias - experiences
extremadamente - ex-
    tremely

F

familiares - family members
fantástica - fantastic
feliz - happy
fiesta - party
figura - figure
final - final, end
finalmente - finally
forma - form
forman - they form
formar - to form
fragmento(s) - fragment(s)
frustración - frustration

fruta - fruit
(**que**) **fueran -** (that) they
    were
funciona - it functions,
    works
furia - fury
furiosamente - furiously

G

gran - great
grandes - large
grupo - group

H

ha - s/he, it has
había - there was, there
    were
hacer - to make; to do
hacia - toward
han - they have
hay - there is, there are
he - I have
hemos - we have
hola - hello
hora(s) - hour(s)
horrible - horrible
horror - horror

65

I

idea - idea
imaginación - imagination
imaginamos - we imagine
imaginando - imagining
imita - s/he, it imitates
(no) importa - s/he, it isn't important, doesn't matter
importante - important
increíble - incredible
infección - infection
información - information
informarle - to inform him/her
inmediatamente - immediately
insisto - I insist
intacta - intact
intactos - intact
intención - intention
intolerable - intolerable
investigamos - we investigate
investigando - investigating
investigar - to investigate
invitado(s) - guest(s)
invitar - to invite

J

juegan - they play
jugamos - we play
jugando - playing
jugar - to play
julio - July
(se) juntan - they join together

L

la - the; her
las - the; them
le - to him/her
les - to them
limpiamos - we clean
limpiando - cleaning
limpiar - to clean
(que) limpien - (that) you clean
línea - line
llama - llama (animal)
llega - s/he, it arrives
llegamos - we arrive
llegan - they arrive
llegar - to arrive
lo - it; him
los - the; them
luces - lights

luz - light

M

mamá - mom
mañana - morning
maneras - ways, manners
mariachi - mariachi band
más - more
mata - s/he, it kills; kill!
mátala - kill it!
matar - to kill
mate - kill
matemos - let's kill
(**te**) **mato -** I'll kill (you)
me - me, to me
medio - middle
métodos - methods
mi - my
miedo - fear
minutos - minutes
mira - s/he, it looks at; look!
miramos - we look at
miran - they look at
mirarme - to look at me
miren - look at!
miro - I look at
mis - my
misión - mission

momento - moment
moto - motorcycle
motocicleta - motorcycle
motociclista - motorcyclist
motor - motor
motosierra - chainsaw
moverse - to move
moviéndose - moving
(**se**) **movió -** s/he, it moved
mucha(s) - much, a lot,
    many
mucho(s) - much, a lot,
    many
muerto - dead
(**se**) **mueve -** s/he, it moves
(**se**) **mueven -** they move
música - music
muy - very

N

nada - nothing
necesario - necessary
necesito - I need
nerviosos - nervous
ni - nor; neither
no - no
noche - night
normal(es) - normal

normalidad - normal
nos - us, to us
nosotros - we
nuestra(s) - our
nuestro(s) - our
número - number

O

o - or
observa - s/he, it observes
observamos - we observe
obvio - obvious
ocurrido - occurred
odia - s/he, it hates
odio - I hate
ofrece - s/he, it offers
(que) oigan - (that) they hear
oigo - I hear
oímos - we hear
oír - to hear
ojos - eyes
opinión - opinion
organizando - organizing
organizar - to organize
órgano(s) - organ(s)
otro(s) - another, other(s)
(se) oye - is heard

P

palo - stick
pánico - panic
papá - dad
papás - parents
papel(es) - paper(s)
papelito(s) - little paper(s)
para - for; in order to
paralizado(s) - paralyzed
parque - park
pasa - s/he, it passes
(¿Que) pasa? - what's happening?
pasar - to pass
paso - I pass
pasta(s) de dientes - toothpaste(s)
patio - patio
película - movie
pensamos - we think
pequeña(s) - little, small
pequeño - little, small
perdón - sorry
perfecto/a - perfect
permiten - they permit
pero - but
persona - person
personas - people

piensa - s/he, it thinks
piensan - they think
piensas - you think
pienso - I think
piñata(s) - piñata(s)
plan - plan
planea - s/he, it plans
planeada/o - planned
planeamos - we plan
planear - to plan
por - for
porque - because
posible - possible
pozole - a type of soup or
   stew
prenden - they turn on
prender - to turn on
preparado(s) - prepared
probablemente - probably
problemas - problems
puerta - door

Q

que - that
qué - what
queremos - we want
quesadillas - quesadillas
   (cheese inside tortillas)

quiere - s/he, it wants
quieren - you, they want
quieres - you want
quiero - I want

R

radio - radio
rápidamente - quickly
rara/o(s) - strange
real(es) - real
(**te**) **refieres -** you are referring
(**nos**) **reímos -** we laugh
(**de**) **repente -** suddenly
replica - s/he replies
requieren - they require
responde - s/he responds
respondo - I respond
resultado - result
rey - king
ridícula - ridiculous
ridículos - ridiculous
(**se**) **ríe -** s/he, it laughs
(**se**) **ríen -** they laugh
(**te**) **ríes -** you laugh
(**me**) **río -** I laugh
rítmicamente - in rhythm,
   rhythmically

S

salpicón - a shredded beef salad

sarcásticamente - sarcastically

sensación - sensation, feeling

ser - to be

shock - shock

si - if

sí - yes

silencio - silence

sin - without

sitio(s) - sites, places

situación - situation

sólido - solid

solo - only; alone

son - they are

sonido(s) - sounds

(me) sorprendo - I get surprised

sorpresa - surprise

soy - I am

su(s) - his; her; their

suficientes - sufficient, enough

supermercado - supermarket

T

también - too, also

tan - so

te - you, to you

tenemos - we have

tener - to have

(que) tengas - (that) you have

tengo - I have

terribles - terrible

tiene - s/he, it has

tienen - they have

tienes - you have

toda(s) - all, every, everything; everyone

todo(s) - all, every, everything; everyone

(a) todo (volumen) - (at) full (volume)

tornado - tornado

tortura - s/he, it tortures

totalmente - totally

(se) transformaron - they transformed (themselves)

tres - three

tu(s) - your

tú - you

tuve - I had
(que) tuvieran - (that) they
    have

U

uf - ugh
un - one; a, an
una - one; a, an
unos - some

V

va - s/he, it goes
vamos - we go; let's go
van - they go
varios - various; several
vas - you go
ve - s/he, it sees
vemos - we see
ven - they see
ventana - window
veo - I see
ver - to see
vergüenza - shame; embar-
    rassment
vi - I saw
vida - life
videojuegos - video games
vimos - we saw

violeta(s) - violet, purple
volumen - volume
volvemos - we return
volver - to return
volvió - s/he, it returned
voy - I go
voz - voice
vuelto - returned
vuelvan - they return
vuelve a mirarme - he looks
    at me again
vuelvo - I return

Y

y - and
ya - now; already
yo - I

Z

zombi(s) - zombie(s)

TO READ THIS STORY IN PRESENT TENSE, TURN BOOK OVER AND READ FROM BACK COVER.